Made in the USA
Monee, IL
02 November 2019

16236253R00056